뭉게뭉게 피어난 세월

본 도서는 한국문학예술진흥원 선정 우수도서로
제작비용 일부를 지원 받아 제작하였습니다.

뭉게뭉게 피어난 세월

초판인쇄 | 2024년 10월 28일 **지은이** | 곽선희 **펴낸이** | 김영태
펴낸곳 | 도서출판 한비CO **출판등록** | 2006년 1월 4일 제25100-2006-1호
주소 | 700-442 대구시 중구 남산2동 938-8번지 미래빌딩 3층 301호
전화 | 053)252-0155 **팩스** | 053)252-0156 **홈페이지** | http://hanbimh.co.kr
이메일 | kyt4038@hanmail.net **후원** | 한국문학예술진흥원

ISBN 9791164871452
ISBN 9788993214147(세트)
값 10,000원

*잘못된 책은 교환해 드립니다.
*저자와의 협의로 인지는 생략합니다.

뭉게뭉게 피어난 세월

곽선희

시·인·의· 말

견딜 수 없으면 차라리 즐기라고 했던가.
남편을 간병하며 그렇게 내가 살기위해,
소녀 적 꿈을 꾸기 위해,
현재 행복하기 위해 막간을 이용해
간이침대에서 기필코 글을 써야 했다.
스스로 피폐해져 가는 것이 싫었다.
존재의 이유 살아가야 할 이유를 그 보람을 찾았다.
남편이 퇴원해 집 가까운 유원지로 휠체어로 이동해
지팡이 짚고 재활운동을 시켰다.
그 와중에도 난 휠체어에 앉아 강물을 바라보며 시를
썼다.

남편도 지지하였다.
10년이면 강산도 변한다는데,
내 이름으로 된 책을 출간하고 싶었다.
첫 시집이라 부족하고 부끄럽기 짝이 없지만 도전했다.
나와의 싸움에서 이겼노라 당당히 외치고 싶다.
앞으로도 펜을 놓지 않으리라.
필명 우보처럼 우직하고 미련한 소처럼 부지런히 노력해 결국에는 모든 것을 꼭 이뤄내는 시인의 길을 뚜벅뚜벅 걸어 갈 것이다.
어쩌란 말인가,
그냥 그냥 시가 좋은 걸.

목차

/제1부/
싱그러운 님

뭉게뭉게 피어난
오월의 장미 지나 유월
그리움으로 농축된
아카시아 향기 만나리라

매화_12 비온 뒤_13 바람 바람 바람_14 오빠 생각_16 크고 검은 물고기_17 참새_18 십자가의 길_19 신천강변_20 우곡성지 십자가의 길_22 다낭의 달_23 아가_25 빨간 마후라_26 외손자_28

/제2부/
세월의 수레바퀴

책장에 갇혀 우울했던 시
낭송가가 전하였다네.
소리의 감동 다가와
새롭게 마음 어루만졌네.

뒷담화_30 모두가 다 그렇게_31 레인보우 극복기_33 일
그러진 껌_35 여름축제_36 은발 머리_38 흔적_39 백일
홍_40 한비에서_41 신혼여행_42 시니어_43 오리진_44

/제3부/
아련한 첫사랑

찰나에 너를 만나
인사하고 가노니
건들바람 불어 아른아른
이 향기 나거든
나인 줄 알아다오

상큼한 손톱_46 지하철에서_47 노담(NO 담배)_49 꽃비_50 준비된 강사_51 떠나는 봄_52 마른향기_53 요술방망이 감자_54 매미_55 금호연가_56 소중한 한 표_57 웅덩이 화_58 난고 문학관 기행_60

/제4부/
나의 기쁨 희망 사랑이여

넘실대는 장미의 계절
해맑은 외손자 모습
순부드리한 미풍으로 와
가슴 가득 안겨주는 행복

껌딱지_64 잔치_65 아버지_67 어머니_68 수성못에서_69 모둠학습_71 좁게 난 화단의 봄_72 푸른 오월_73 하루 여행_75 칠천량 해전_76 순풍_77 유동화_78

/제5부/
운무의 나래

무성히 나온 초록
나만의 정원 퀘렌시아
다시 봄
사는 게 좋은 날

여동생 막달라마리아_80 남동생 가누또_81 언니 요안나_82 사는 게 좋은 날_84 모유 먹는 외손자 복덩이_85 수필 아카데미 20기 모임_87 도서관_89 화랑공원에서_91 내 고향 성주_93 흰 구름만 보아도_95 떼점(복점)_96 능소화_98 학교종_99 결혼한 딸에게_100 상처_103 무지개_105 허수아비_106 스마트폰_107 별_107 길_108

/제1부/
싱그러운 님

뭉게뭉게 피어난
오월의 장미 지나 유월
그리움으로 농축된
아카시아 향기 만나리라

매화

연초록 산 아래
푸른 망토 두른
눈부신 매화 윙크하네

님 오셨나
비몽사몽 꿈만 같아
가까이 가보았네
오똑한 콧날 수려한 모습

살짝 볼 부비니
지나가는 버스 경적소리
안 그런 척 먼 산 향해

다시 순례길
눈에 삼삼
싱그러운 님 향기
여기저기 맴도네

오늘 밤 그댈 만나기 위해
한 번 헹궈 그댈 잔에 담았네
따뜻한 물 잔에 따르니
참 좋은 그대 다시 느껴보네

비온 뒤

비 온 뒤 비둘기 세 마리
정겹게 노니는 모습 너무 평화로워 찰칵
목욕하는 것일까 지나쳐도 달아나지 않네
제자리서 서로 떨어져 유유자적 노니네

비 온 뒤 빗살무늬 나뭇잎 아래
운동화 신고 멋모르고 가벼이 걸었다네
마음 달램 경쾌한 소리 사각사각 울림소리
나는 몰랐네 진정 뜨겁게 내린 눈물임

빗살무늬 나뭇잎 아래 비둘기 세 마리
나 멀리 앉았네 가까이 받아주었네
비 온 뒤 추운 거리 비 온 뒤 쌩쌩 바람
춥고 아픈 내 마음 피하지 않고 받아 주었다네

바람 바람 바람

사랑
달콤한 향기
환대하는 우곡 성지

미사 앞두고
땅 가리킨 형제
뭐가 있을까
땅 땅 땅

춤을 춰요 나무
이마에 비추는 햇볕
저마다 제자리 한들한들
합창하는 나뭇잎

간밤 텔레비전
5·18 민주항쟁 소환
그날 그 시간 모른 채
가요무대 보았지

바람 바람 바람
달려와 감싸 주네
촉촉이 눈 적셔주네

춤사위
역사의 뒤안길
과거도 현재로 이어
바람 바람 바람
이 한 마당 용약하는 몸짓
우리의 바람은 하나다

오빠 생각

내리자마자
아득히 들려오는 오빠 생각

지하철 계단
빠르게 움직이는 발 위로
초로의 노인 아코디언 연주
무심코 지나지만 분명 심쿵

오늘 보리 보리는 더 자랐다
푸른빛이 사라진 황금빛
대절버스 놓칠세라 달리는 남학생들

딱 알맞은 거리 그곳에 서면
누구의 솜씨인가 의젓하게 자란 붓꽃
뭉게뭉게 피어난 오월의 장미 지나 유월
그리움으로 농축된 아카시아 향기 만나리라

크고 검은 물고기

난생처음
크고 검은 물고기
집 목욕탕 앉은 내게로
치마 안 언제 들어왔네
기겁을 하고 밀어냈네
한 마리 두 마리 세 마리
밀어내기 바쁘게 또 또 또
구조요청 도와주는 이 있었네
고등어 조림하듯 어슷썰기
아 이럴 수가
기진맥진 다인가 했을 때
저쪽에 언제 나왔는지 새끼 물고기
쫙 뻗어 움직이지 않네
머리맡 누군가 소리에 깨어났네
도대체 나의 욕구가 뭔가
무엇이 두려운가
갈망하는 자유가 무언가
새로운 기회
풍요로운 기대
시집간 딸 2세를 생각함인가

참새

폴짝폴짝
정구공보다 가벼워
세월 오고가도
색깔도 몸짓도 변함없네

철따라 노래도 고울씨고
철조망 개의치 않고
드나드는 영혼이 자유로운 새

오늘도
님도 보고 뽕도 딴다
엔진이 필요 없는 허파
나 잡아봐라

여름 장맛비로 우울한 자
괜찮아 나처럼 자유로워라
욕심내지 마라
일어날 수 있어
자 날자
할 수 있다 힘내
가벼이 인사하고 가네

십자가의 길

아직도 붉은 장미 피어나고
이름 모를 새 옆에서 지저귄다
내 마음 아는지 모르는지
어린 날 집 앞 솔방울 떨어질 때
솔가지 갈고리로 긁어모아
엄마 밥 지을 적 불 살게 쓰라했지
문학기행 온 이 땅 솔방울 지천
하늘 떠받치고 있는 푸른 소나무
맹세한 서약 싱그럽게 지키누나
푸른 잔디에 개미들 깨끗이 세수
냥이도 한가롭게 놀고 있구나
당신의 십자가 길 따라
내 마음도 활짝 봄

신천강변

청보리 하늘하늘
분홍연잎 수런수런
두루미 한 발 서 발레 극치
매미소리 클라이맥스
조깅하는 청년 젊음이 좋다

샛노란 들국화 물가에서 찡긋
흔들리는 마음 잠재우는구나
오래된 다리 저쪽 차들
제 갈 길 바쁘구나

이곳과 저곳 사뭇 다른 풍경
수양버들 한들한들 어깨 스침
오늘따라 물살 평온하여라

간간이 놓여 진 벤치
고맙게 자꾸 쉬다가라 흔들흔들
늘어선 운동기구 정답다

정자엔 누군가 배려한 둥근 시계
징검다리 건너는 아름다운 부부
정숙하게 서 있는 무궁화
수줍은 듯 나라사랑 외치네

정겨운 배롱나무 머물다 본
봄이면 지천으로 피던 개나리
수성교 지나 대백프라자
분수대의 쇼쇼쇼

머리 염색하러 미장원 가는 길

우곡성지 십자가의 길

다녀간 사람이 두고 간 지팡이
잘 닦여진 바통 기도가 흐른다

하늘은 높고 푸르다
소나무는 솔방울 위
마른 솔잎을 뿌려 함께 한다

바삭바삭 이웃의 흐느낌 소리
돌아가 안녕한지 물으리라

어기차게 따라 오른 십자가 길
이 나라 최초의 수덕사 홍유한
어떤 분일까
후손이 13분이나 순교자

경이로운 이곳
안약 넣은 듯 시원한 공기흐름
돌마저 반짝반짝 성지를 빛낸다

다낭의 달

엄마 태교 여행 가자
참 난감
예전엔 그랬다
임부가 어디 감히 먼 길을

낮엔 태양이 이글거렸다
밖에서 베트남 쌈 식사 후
돌아와 몸담은 따뜻한 수영장

바로 앞 푸른 바닷가
서 있기만 해도 한 폭의 그림
내 눈에 비친 다낭 80% 여행객
우리나라 사람들이다

응어리진 어깨
남편도, 아이도 못 풀어준 어깨
다낭의 자매가 풀어 주었다

바람이 몹시 부는 저녁
딸아이 커튼을 젖혔다
나부끼는 초록 이파리들
그중 하나의 손
다낭의 달을 잡았다

베트남 다낭에서 만난 달
우리나라와 꼭 같은 달
딸은 폰에 담아 주었다

아가

사랑에 눈먼 아가씨
아름다운 솔로몬의 노래 취해
능금 같은 그대와 탱고 추네

보았네
엘리사벳이 맞이한 성모
성모가 맞은 엘리사벳
태내의 세례자 요한
태중의 아들 예수
반가움에 뛰어놀았다네

더 자란 영혼
우주의 주인과 마주했네
나의 십자가 지었다네
골고타 언덕 걸어갔네
쾅쾅쾅 십자가에 못 박았네
모른다, 안 들린다 말들하네

사랑에 눈먼 영혼
봄의 소리 왈츠
깨어나 듣고 있었네
더불어 새로운 미래 맞자
함께 춤을 추자 속삭이네

빨간 마후라

간밤 모두 잘 잤는가?
부시시한 눈 싸한 공기
무릎에서 목 담요 둘러
힘껏 밀어 올린다

언제 왔을까?
빨간 마후라
파란 마후라
노랑 마후라
단장한 주인공들
하하~호호 아내들
한바탕 웃음소리
재활치료실

다음 준비 가스레인지 쪽
남은 밥덩이 데워
서로를 챙기는 보호자
흠흠 코 자극하는 갈비찜
눈치코치 챈 개인 요양사
아무도 몰래 몇 점 건넨다

희로애락 간병 생활
견디기 힘들다

차라리 즐겼던 순간순간
이제 건너온 강가에서
축제의 무대였음 깨닫네

외손자

엄마 이름 달고 온 아기
사력 다해 나왔구나
동그란 사위 눈동자
콧줄 한 딸아이
피투성이 아기 지켜보네
아앙~ 아앙~ 우렁찬 울음
엄마도 아기도 퉁퉁 부은 얼굴
의사 수 늘린단 정부 지침
반기 든 의사 의료계
출산 앞둔 시점 의사 한 명
궁여지책 몇 군데 추천 병원
애타는 할미, 할배 마음
튼튼 태어남 고맙구나 핏덩이
잘 자라다오 세월 물살 헤쳐
수레 가득 윤택함 실어
이 겨레 이끌어 다오 재윤아

/제2부/
세월의 수레바퀴

**책장에 갇혀 우울했던 시
낭송가가 전하였다네.
소리의 감동 다가와
새롭게 마음 어루만졌네.**

뒷담화

상대 단점 모난 점
얘기하지 않았던가
내 눈과 귀 닫았지
너 깎아 내리고 싶어
내 얘긴 안 했지
내 틀에 널 담아
네게 속았다
나 듣고픈 얘기만 들음
내 모습 똑바로 못 봄
멋대로 너 심판
멋대로 너 단정했다
너 꼭두각시 만듦
이젠 내 뜻 아님
창조주 뜻대로 살리라
이른 봄 버스에서 내림
반겨주던 벚꽃처럼 그릿*

*그릿(grit) : 장기적인 목표를 위한 열정과 끈기.

모두가 다 그렇게

앞에 가는 사람
긴 끈 작은 백 어깨 척
황새걸음 어거적어거적

중간키 아주머니
머리 번쩍번쩍
목걸이 반짝반짝
옷 휘황찬란
신발 색색무늬

십 년 만에 만난 상할머니
와 그래 모두 늙었노
본인 늙은 줄 모르셔

공사판 젊은 아저씨
삐쩍 마른 몸매
기운 넘쳐 날다람쥐셔
살금살금 모래더미 다가가
이 모래 좀 얻을 수 있을까요
내일이 아버지 제삿날
향 피우는데 담으려구요
한 움큼 넉넉히 오므린 손

돌아가셔도 넉넉한 사랑
돌려받는 그 사랑
아버지는 복된 사람
지나는 굴다리
젊은이의 복 빌고 있는 내 마음

레인보우 극복기

비대면 수업 인문학 강좌
코로나 블루 도서관 수업
빨주노초파남보 무지갯빛
날마다 펼쳐지는 이야기

감성 인문학 낭독극장
레인보우 에너지 문학충전
인문학과 삶의 융합적 면모
한층 더 가까이 다가왔네

삶 꺼내 주었네
각 색깔별 주제 누렸다네
지금 여기 고뇌 얘기하였네
서로서로 생각 나눔의 장

책장에 갇혀 우울했던 시
낭송가가 전하였다네
소리의 감동 다가와
새롭게 마음 어루만졌네

많은 위로 받았네
손에 만져짐 꽉 잡았다네
친숙한 인문학 동네 도서관

코로나19 불안한 시대
희망이 타올랐네
진실로 내면 볼 수 있었다네
치유의 시간 비대면 수업

일그러진 껌

기차역 바닥
양심이 소리친다

쩍~쩍~쩍~
신발에 붙어 외친다

스트레스 날려주며
사랑 주고받았을 터

잇몸 구석구석
상쾌 유쾌 통쾌

어찌하여 달면 삼키고
쓰면 뱉느냐

여름축제

비로 담 넘어온 나팔꽃
보라도라지 백도라지 즐겁다
힘내자 주인 따라온 늙은 견
그녀는 왔을까

재가 돌봄 요양보호사
화랑공원 기억공원 저편
알아보고 손짓한다

남편은 손도 못 쓰고 하늘
고생시키기 싫으셨나 봐
아냐 여기 이러구 있으니
저어기 한 명 걸리고
한 명은 유모차 태운 아기
여긴 미화원 아저씨

공원 내 도서관
저마다 삶의 현장
이래도 여름축제
저래도 여름축제

「어린왕자」처럼
활기차게 문안으로 들어서지 않음

언덕과 너른 들판
볼 수가 없다지
오늘은 1권으로 들어간다

은발 머리

코로나 사태로 염색을 미루었다
사각사각 열두 번의 커트
완전 흰머리 흰머리다

아직 그런 나이가 아닌데
염색해요 염색해요 검은 머리로
싫어요 싫어요
흰머리 그대로 둘래요
손자 손녀가 있는 할머니인 걸요

흰머리가 쏙쏙 올라올 때마다
입안에 인단을 넣은 듯
화하게 맑아져 오는 머리

흔적

두고 간
꽃무늬가 있는 머리끈
먹다 만 사탕
어찌 할머니 노트는 찾아
한쪽 눈을 윙크하는 엄마 그리고
이제는 눈꺼풀에 반짝이도 넣고
옷 끝단 사랑마크 장식하고
삼촌과 심하게 한 태권도 폰에 남기고
가고 난 후 나뒹구는 줄넘기 훌라후프
굿거리장단 맞추어 부르는
녹음기 속 손자손녀 흥겨운 노랫소리
아들 며느리 닮은 녀석들
할머니 할아버지도 닮았던 더블자식들
눈에 삼삼하다

백일홍

피고지고
피고지고
백일을 핀다는 너

매미소리에
열기는 내리고

잠자리 이리저리
비행하는데

오늘도 피고지고
끝이 없는 너

환한 웃음 날리며
달려오는 너는
나의 홍의장군

한비에서

잘 쓰지 못해도 좋아
우리 자주 만나 봄
웃음 띤 얼굴로
한 주 지낸 이야기

살아갈 이야기
주고받기 그것으로
충분하지 오아시스
우리의 삶이
자서전이야

신혼여행

비행기 타야 해
그때까진 가질 수 없어
바람의 언덕 가고파
가서 희망 엮을래

소원 단 한 가지
세월의 수레바퀴 붙듦
이 나라 윤택게 함
그 대장부 낳음

시니어

노화인가
질병인가
잊고 살았던 삶
예전 같지 않은 몸

곳곳에서 아우성
마음만 청춘
909버스 오름
동네다 폴짝 세멘바닥

괜찮을까 한 번 엎어짐
2년 만에 돌아온 뼈 근육
넘어짐 두려움
착지함 눈뜨니

활짝 웃음꽃
세레머니 날리는 매화
나도 다음 세대에게 방긋

오리진

베이비 붐 세대나
뼈저리게 느낀 남존여비
영천호국원 잠든 아버지
홀로 짱짱한 어머니

아들 줄 생갈치는 가득
딸들에겐 음료도 인색
분명 병~
여동생 맛있는 갈치요리

으레 2차 오리진 간 날
화장실 직행
아메리카노 독한 것인가
남존여비 부적응인가

/제3부/
아련한 첫사랑

건들바람 불어 아른아른
이 향기 나거든
나인 줄 알아다오

상큼한 손톱

이제 내릴 때
빗물로 창 흐릿
여기가 어딘가요
중앙 고등 지났나요

내리는 출구 아가씨
여기예요 답
이어폰 들은 척 않는 이
모른 척 피하는 이

무관심의 시대
이어폰 빼고 대답한 사람
버스 기둥 잡은 손에 손톱
하양 위 분홍 점 포인트 상큼함에 눈독

옆에 선 총각 시선 내게로
머린 은발인 아가씨
탈색했어요 세 차례나
예뻐요

함께 내린 버스
이어폰 뺀 아가씨
아 고맙습니다
인사하고 가는 아가씨

지하철에서

앉거라
한 귀퉁이 서서 가는 아들
괜찮다 앉거라
비어 있는 곳 많잖아

서서 갈래 요지부동 아들
초등 저학년 때
당번 아이들 청소하라
지시한 선생님

모두 토끼 뛴 아이들
묵묵 교실 청소한 아들
엄마 어제 배운 수학
시험 칠 때 베꼈데

아이들이 날 무시했어
같은 반 여학생
나의 전화에 자초지종
선생님 그러셨어요

이렇게 정직 성실한 아이
아무도 함부로 할 수 없다
누굴 닮았을까 우리 아들

뇌출혈 아빠 대신 생활비
걱정 접고 올핸 장가가렴

노담(NO 담배)

기쁜 소식
노담 청소년 증가
음주율 감소 추세
전자담배

흡연율도 감소
웰빙 청소년 증가
미래의 꿈나무
몸과 맘 건강한 그루터기

뭐가 달라도 다르군
한 번뿐인 인생
어깨동무하고 가자

꽃비

지천에 핀 벚꽃
아련한 첫사랑
뒤질세라 개나리
별빛으로 퉁겨주네

웃음 날리고 간 진달래
언제 돌아올까
꽃비야 재촉마라
멈추어 다오

환상의 봄 즐기련다
멈추어 다오 꽃비야
엄마 따라온 병아리 떼랑
더 즐기고 싶구나

준비된 강사

퀴즈 맞추었다 선물
아껴둔 고급과자인가
딱 한 개
주인공 된 나

어린 마음 되어 오롯이
달달한 호두보다 더 달달
빼앗기기 싫은 행복감
그 옛날 아버지 친구 방문

바둑알 사탕 선물세트에 답
릴리리 소양강처녀 장기
그때로 돌아간 나
코발트빛 외투

귀 언저리 자그만 달랑임
아름다움 다채로운 빛깔
맛볼 수 있는 깨달음 강의

떠나는 봄

꽃비 마구 뿌리는구나
노랑우산 파랑우산 색색
오르는 산
왜 무엇 보러 건지려

아주머닌 아주머니대로
처녀총각 처녀총각대로
재잘거림 가까워 숨어버린 고라니
벚꽃이 이쁘다면 이쁘지

왜 꽃잎과 나무 안 어울려
심성 고약한 아줌마 입술
공사현장 나무 애지중지
가드라인 잘라 보호터라

떠나는 봄 부슬부슬 얼굴
웃고 있지만 울고 있는 봄
무엇을 주고받았는가

마른향기

우수수 한꺼번에 떨어진다
한 해를 살다가는 그들
진한 마른 향내 낸다
코앞에 떨어지누나

나는 간다 미련 없이 간다
친구들 갈때 서둘러 간다
길동무 되어 간다

찰나에 너를 만나
인사하고 가노니
건들바람 불어 아른아른
이 향기 나거든
나인 줄 알아다오

요술방망이 감자

이 추운 날
맨 얼굴의 감자
웬일이니 흙투성이

푸르뎅뎅 쪼그라든 몸
무시하잖아 모두모두

아니 아니 아니야

담대함 요술방망이
다시 살아났구나
그래그래 쓰담쓰담
매일매일 물 주마

너와 함께할 거야
할 수 있어
비바람 태양 모두모두
네 편이란다.

매미

맴맴맴맴
남편 생각
아이 생각
내 생각
골치 아프다

맴맴맴맴
언제부터 울었던가

그래그래
허물 벗더니
시원하구나
진짜 시원하구나

맴맴맴맴
속살로 다가가
너처럼 울고나니

남편도 좋고
아이도 좋고
나도 좋아
머리가 개운하구나

금호연가

파랑 노랑 하양
희망 통통배
7080 정겨움
통기타 노래
물살 가른다

상춘객 흥겨워라
푸른 하늘
두둥실 흰구름
금호강가 음표 띄워

까까머리 브라보콘
알콩달콩 연인들 오리배
할매 할부지 빙그레콘
휠체어 기댄 남편 번데기
날마다 하하호호 우리
소확행 바로 여기로구나

소중한 한 표

휠체어 세워둘 게요 여기
투표소 앞에서 인증샷
오른손 난간 잡아요
오른발 올리고 왼발 당겨요

자 찍었음 밖으로 나와요
잘 안 보여
저 분 눈 어둡나요
아니오

1번 2번이 안 보여
그럴리가요
안 돼요 저지당한 나
설명해 주세요

그것도 안 돼요
1번 2번은 없습니다
난 그것도 몰랐어요
투표하는 도장

사람인이 아니래
점칠 복자래
당신이 알아서 해
이번에도 소중한 한 표다

웅덩이 화

누가 건드렸나
웅덩이 빠진 나
강의 끝 받은 간식
껍데기 휴지통 풍덩

땅의 징검다리 건넘
누가 날 건드렸지
오 너로구나 나뭇가지
내 살 같은 가지구나

그래 모두 무심코였어
안개 같은 시절
나 이해하는 시간
미술치료 시간
자기발견 자기애야

피조물은 아름다워
나도 너 사랑해
자전거 잘 타게 도와줄게
누구에게나 터널이 있지

보이는 것만 보려 해
바깥을 봐

밖에 빛이 있잖아
감사다 진짜 감사다

난고 문학관 기행

인생의 봄날
화사한 차림 문학기행
열린 자들의 모임
저마다 자긍심으로 반짝

1호차에서 4호차 문우들
머나먼 길 강원도 영월
베일에 싸인 방랑시인 김삿갓 비대면
그나마 육필은 볼 수 있을까

시냇물 졸졸졸 반기는 산야
고인도 이 길 걸었으리
예나 지금이나 사연 구구절절
양반집 태어나 굴곡진 삶

시대를 잘못 만난 그
그를 기리는 문학관
듣도 보도 못한 그의 시 즐비
지팡이 쥔 그대의 손 가까이

손오공 되어 휘리릭 날아 봄
넓고 넓은 그의 세계
바람 비 구름 태양 사방천지

벗 아닌 것 없구나

그가 되어 떠나는 길
봄날은 그렇게 갔다

/제4부/
나의 기쁨 희망 사랑이여

넘실대는 장미의 계절
해맑은 외손자 모습
순부드리한 미풍으로 와
가슴 가득 안겨주는 행복

껌딱지

엄마의 껌딱지 아기
연인들 껌딱지 브라보콘
나의 껌딱지 시 쓰기 숙제

좋은 열매 맺어야지
나의 기쁨 희망 사랑이여 그렇게 머물길 소원

언제나 껌딱지로 머물고자 한 간절한 마음

잔치

대구문협 첫 행사
올해 책 출간 14명
대구문화예술회관
24년 4월 25일 비슬홀

합동 출판기념회
첫 수필집 발간 더 의미
각 분야에서 등장
정신의 결정체 작품집

낭송위원회 재능기부 낭송
작품 더 빛내주었네
여는 마음에서 닫는 마음
붉은 장미 프란치스코

분홍 장미 스텔라 보라 장미 레오나르드
찹쌀 수제비 에스델
동양란 토마
무엇보다 각자에게 줌

대형 얼굴 책 표지 배너
서로서로 인사 나눔 촬영
축하와 위로 두둥실

버스 두 번 갈아타고 동네

기와지붕 위로 노란 얼굴
스마일 표정 짓고 따라오네
집 앞까지 배웅
빙그레 빙그레

달님도 축하 해주던 밤

아버지

선희야
너 왜 화장하지 않고 다니냐
여자는 꾸며야 해
하고 다니거라
알았어요 아버지
여태도 그렇게 사는 나
나만 별종이다

엄마 집 청소 뒷전
빨간 루즈부터 착
여자는 그런 데가 있어야 해
말씀하는 아버지

하하하하
마실 떠나가게 들려오는 엄마 웃음소리
엄마는 왜 저렇게 크게 웃어
왜 듣기 좋지 않냐

아무렇게나 무치는 나물
별거 없는 듬뿍장
색색깔 부쳐 온 이웃 전
우린 젓가락 들고 설쳐
손도 안 대던 아버지 아버지

어머니

아버지 아침저녁 밥상
하루 빠짐없이 대령
천직으로 아는 엄마

닭장의 알
아버지 밥 위만 투척
바닷가 음식 좋아한 아버지
사흘 안 꼭 오르던
꽁치 갈치 해삼 굴

아버지 안 계신 날
듬뿍장 하나 파 듬뿍 양념장 전부
각자 비벼 먹다
엄마 양푼으로 와르르
참기름 한 방울 만찬 끝

수성못에서

산에 희끗희끗 보이는 아카시아꽃
비 온 뒤 바람 불어 출렁이는 못
여울질 때 물러가는 봄바람

많은 시 남기진 않았지만 민족시인
갈 때도 올 때도 청년 상화 마주침
바람에 날갯짓
노랑 붓꽃 살랑임으로 다가옴이여

카페에서 내려 보는 오리배
오월의 신록 아래
카푸치노 카페라떼 뜨거움 속
푸른 버들과 조우 아롱아롱

저 산으로 쫓겨난 황새
못물에 잠겨 자라는 나무
재회 못 해 바라만 보는 안타까움

황새의 배설물 없자
이제 팔랑개비마저 사라져
전설 같은 나무 위 흰 눈 사라짐
아가씨 때 휴가 나온 군인
동네 아가씨 모아모아

바람 부는 날 데이트

다음 날 역 마중 천만다행
기차 안 놓치고 탑승 청년들
국가수호 젊은 청년
그대들 지금 어디
못 건너 바르미스
들끓는 인적 속 만나 보고파

모둠학습

팀끼리 토의 시간
중년 아주머니 젊음이 좋아
우르르 최군 쪽 소원이었던가
왼쪽 오른쪽 순간 나뉨

예의 끼리끼리 모임작동
이도 저도 아닌 중간
선생님 중간 들어섬
두 사람 한 팀요

이분 나 공격해요 고발인가
도망간 아주머니
별나게 싫어 한 이유
이제야 알게 되다니

그제사 속마음 알게 됨
그나 저쪽 요지부동 H군
와글와글 종이 한 장 속
나의 현재 미래 펼쳐보네

서로 인상 나누는 시간

좁게 난 화단의 봄

왜 포도순 나지 않을까
고대하는 맘 눈치챘을까
여기저기 얼굴 비추임
함지박산 도토린 어디

노란 황매꽃과 푸른 잎 사이
여기 있네 반질반질 잎 자랑 어느새
해설사 이곳 도토리 군락지라
어쩐지 눈부신 빛 발했다

코로나19 황사 뚫고 자리매김
도서관 시 공부 때 받은 살구
나뭇가지 사이 어느새 오똑
잎사귀 폭풍 성장

소리 없이 틈 사이
납작 얼굴 내민 감나무
힘 얻는 늦봄 활기찬 하루

푸른 오월

가을 같은 날씨
운동회 가는 기분
현풍휴게소 내리자마자
봉사 갈 때 신을 신발 사

다시 오르자
비닐봉지 초롱초롱
오이 방울토마토 감사
오징어 안주 돌리는 술잔

여기 안 아픈 사람 없다
권하며 던지는 말 말 말
통풍에 해로운 맥주
자제해 달란 부탁 소주 권
몽돌밭 횟집

계란 같은 몽돌
꽃분홍 무우 부챗살
정갈하게 입은 다홍치마
가수가 된 조카 소개

유튜브 조회 권하는 친구
흰 티 단체복 헐렁한 백

보통보다 크게 나온 백
예순 훨 넘은 여학생들

화장실에서 오만가지 멋
총천연색 옷 입은 운전수
안동역에서 띄우는 수고
걸을 수 있을 때 불러달라

병원에 누워있음 못 온다
외치는 동창 남학생
봄나들이 거제도행 만원

하루 여행

휴게소 아침
많은 주말 여행객
흰 염소 검은 염소
정다운 들판 지나 가덕휴게소

출렁이는 낙동강 물길
가는 곳곳 산 바다 풍경
망봉산 트레킹 후
W181 커피숍 색색 주문
앞 바다의 출렁임

넓은 대지와 신선한 공기
거제 앞바다 내 마음 감싸

칠천량 해전

거갑펜션 신촌마을 지나
거제북로 달림
이순신 장군 딱 하나
실패한 작전이란 소리

금계국 노란 꽃들의 물결
존경하는 이순신 장군 전
나라의 보배 반 별 촬영
칠천로 나룻배

사방팔방 바닷가
돌아 나온 위너스 투어
어둑해질 즈음
이 시간 골목마다 아이들

나오고 뛰놀고 해야
어찌 할배 할매만 보이누
시대상 말하는 남성 동창
옥포대첩 지나 다시 대구
잘살아라 손 흔들던 선혈
남해 소풍 길

순풍

청구고 담벼락 따라
흐드러지게 피던 개나리
바람과 함께 사라짐
바람 따라 온 초록

넘실대는 장미의 계절
해맑은 외손자 모습
순부드리한 미풍으로 와
가슴 가득 안겨주는 행복

엔돌핀으로 역전하는 삶

유동화

붉게 핀 유동화
세상의 어느 빛 닮을까
길고 새파란 잎 튼튼
줄기도 든든하구나

레지오때 성모님께 봉헌
달리던 버스 모두 바라보네
양 꽃병 두 송이씩
달라는데 왜 못 줬을까

유동화라 알려준 그녀
골목 안 고개 내민 유동화
적과가위 싹뚝
뚝뚝 흐르는 눈물

미안하다 떼 냄
재작년엔 왜 몰랐을까
너의 눈물 네게도 눈물 있음

/제5부/
운무의 나래

무성히 나온 초록
나만의 정원 퀘렌시아
다시 봄
사는 게 좋은 날

여동생 막달라마리아

옥합을 깨뜨린 여인
그 향유 예수님 발에다
그 값비싼 것 바르다니
그 시대 사람들

미친 여인 아닌가 수군
어느 날 신앙의 불꽃 활활
예수님께 매료된 여동생
내가 화장품 떨어짐

어떻게 알았을까
폼클렌징까지 선물
그 영양크림 바르면
촉촉해지는 마음

안정된 몸과 마음
깨뜨린 옥합에서 나는 향
나르드향 내 몸에 내 맘에

남동생 가누또

아버지 빼어닮은 목소리
귀가 먼 어머니
그래도 외아들 말 잘 알아들음
운전도 안전운전 천천히

어느 날 깜짝 놀람
분명 글씨체가 엄마글체
아들 부리기 아까워
딸들을 마구 부리는 엄마

아버지 싫다 싫다 해놓고
아버지 닮아 소곤소곤
남동생 목소리에 빠진 모
침대 밑까지 꼼꼼 비질

모(母) 위해 쑥떡 사 온 남동생
라면 처음 나오던 해
무척 좋아했던 라면
우리들 누룽지와 교환

즐겁게 먹던 남동생
걸음걸이까지 부(父) 닮아

언니 요안나

잔 다르크 요안나
두 살 차이 언니
엄마 아버지 싸울 땐
젤 먼저 달려가 말리던 언니

아버지 방 도맡아 청소
어느 날 캐비닛 문 열렸다
숨죽여 읽는 언니 모습
뭘까 현관 비질할 때

살짝이 펼쳐 보았네
아버지의 일기장
온통 언니 자랑 기대
언니 때문 어린 날 추억

온갖 상장 개근상
모아 둔 아버지 사랑 번쩍
언닌 아버지 글씨체
수려하고 정갈한 필체

근데 왜
아직도 수수께끼
언니 대한 기대 무너짐일까

꿈을 못 이룬 언니

이제 내가 도와야지

사는 게 좋은 날

성당 정원 가꾸는 자매님
철쭉 무리 속
한 그루 앵두나무
호미로 찍어내려 한다

안 돼요 나 주세요
딸아이랑 몰래몰래
별 따듯 똑똑 추억의
앵두

자매님 파가세요
서툰 호미질
가느다란 실가닥 하나
죽을랑가 살랑가

뿌리 한 가닥
여름내내 두 병 들이
소나기처럼 퍼부은 사랑
초록 한 잎 응답 올해를 기약

무성히 나온 초록
나만의 정원 퀘렌시아
다시 봄
사는 게 좋은 날

모유 먹는 외손자 복덩이

네 모습
한순간도 놓치고 싶지 않아
에스컬레이터 말구

엘리베이터 타렴
상의는 긴 상의 입지 마
엘리베이터에 옷 끼일라
아기는 뒤빌때 되면 뒤벼

무리하지 말거라
노파심 한마디에 잔소리 운운
앞으로 얼마나 들어야 해
관심이라 생각하려므나

관심없음 말도 안 해
더듬더듬 찾은 딸네 집
식품 사러 유모차 몰아세움
신기한 듯 여기저기서

기웃기웃 오가는 사람들
어머 보이나 봐
손은 만지면 안 돼
발 만짐은 괜찮아

나라의 보배야 보배
모두 한마디씩
옛적엔 동네마다
아기 울음소리

장독대 위 기저귀 주렁주렁
바람에 펄럭이던 소리
골목마다 누구야 노올자
숨바꼭질 자치기 공기놀이소리 소리 소리

삼천리금수강산이 왜 그래

수필 아카데미 20기 모임

유월 끝 무렵
일기예보 적중 비 내림
칠성교 지나 어느 교회 앞
앞서거니 뒤서거니 달림

현옥 남동생 산장 도착
그녀가 준 쑥떡 밤떡
꽃사슴 삼겹살 목살구이
구이 봉사하는 연희
옥매 향숙 상추 양파 고추 은향
가죽무침 마늘쫑 열무김치 된장찌개

막걸리 소주 취향대로
노오란 참외가 웃는다
가방 풀자마자
지리산 일대 걷기

저 산 멀리 운무의 나래
산장 머물고픔 떨침
잘 따라나섬
동네 한 바퀴 몸 풀기

돌아와 늦은 시간

학창 시절 얘기로 늦잠
다음 날 더 자고픈 맘
떨치고 계곡 쪽

불어난 물소리 상쾌
발담금 세안 유쾌
오십 년만의 머리 감기 계곡물에 맨드리 한 머리
그때 그 시절 새록새록

부지런한 친구들 통쾌
윗동네 생태체험관 찾음
노랗고 하얗고 붉음 만발
함양 백무동 계곡 지리산
생태 체험길 단비에 취함

계곡물 소리 하모니카 소리
익어가던 평화로운 밤

도서관

서둘러 집을 나섰다
바깥엔 아카시아 나부낌
운동장엔 중고 학생
유월 뙤약볕에도 축구

오십 명 가량
가벼이 뜀박질
늙음이 의욕 상실
젊음은 패기와 열정이 쏟음이다

책장엔 산티아고 가는 길
유아교육 책 최근 나온 책
여러 부류 많기도 많다
없는 책이 없는 도서관

창으로 보이는 아파트
시원한 에어컨
식수 화장실
스마트 충전소 컴퓨터

화랑공원 도서관 휴관
그나 허탕은 허탕이 아님
우연히 만난 요양보호사

남편을 보낸 그녀의 삶 얘기

버스를 타고 이동
책 냄새 좋은 이곳
지식 지혜 사람 만나는 곳

화랑공원에서

두두두둑 떨어지는 빗소리
아홉 친구들
삼겹살 구이 상추쌈 고추
막걸리 한 잔 으스름 저녁
너무나 정겨워 일어나
창가로 다가선다

새벽 소곤대는 소리
두 사람 세수하러 간다
잠자리 박차고
큰 바위 자갈 헤치고
계곡 납작 돌 위에 두 다리 안착
세수하고 머리 감는다

흐르는 물
몇 해 만인가
이러구 머리 감기
지리산 함양 계곡에서
오십 년은 훌쩍 넘었겠다
수많은 돌 헤치고 조심조심
잘 따라나섰단 생각

둘이 살짝이 만끽 하고픈데 따라나섰나

채 머리 감기 전
먼저 가요 가는 두 사람
저럴 땐 아이만 못해
세상 먼지 복잡한 머릿속
잘 털고 개운함 안고 온 그날들
도서관 벤치 아래
다리 밑 펼쳐지는 풍경
빨간 예쁜 발 가진
비둘기 되어 회상한다

내 고향 성주

그 옛날엔 병원도 못 갔다
뒷집 철이네 할머니
널 받아주었다

고향이 서울인 엄마 아버지
눈썹 시커멓게 치켜올리구
입술 새빨갛게 그리는 모(母)
새하얗고 빠듯한 옷
즐겨 입던 아버지
초등 운동회 요이 땅
화약 총 도맡아 쏘던 부(父)

여물게 산 어머니 덕
성적이 좋은 아버지 덕
막대금 치루던 날
미숫가루 통인 줄 알은
여고 때 엄마 따라 대구
지금은 노르웨이 숲 변모
교리교사 레지오 활동
남편이 선보고 사성 보낸 곳

그래도 못 잊는 곳 고향
산딸기 따 먹고

비 많이 내린 후
남동생과 멱 감구
스케이트 타고
여동생과 만두 사 먹고
언니랑 도너츠 풀빵 먹던
초등운동장 시소 그네
점심땐 마스게임
새마을 운동 국민체조
국민교육헌장 외우던
석양에 노을빛
다리 아래 물결
물결마다 파닥파닥
튀어 오르던 물고기

나비처럼 하얀 이파리
친구랑 함께 걷던 과수원길
12시에 만나요 브라보콘
점심 먹을 때 나오던 선전
첨 초코파이 접할 때 달콤함
도서관 기웃 떡볶이 사주던 친구

그때는 미안했다
왜 물이라도 한잔
이젠 다 품어 주고 싶다
시골의 산과 들 소식
초등 동창회 여고 동창들
이순을 바라보는 시점

흰 구름만 보아도

왜 하늘 보는 것 마다 하는가
돈을 달라는 것도 아닌데
이곳 도서관은 때때로
창문을 열었다 닫았다
커튼을 접었다 폈다
에어컨도 껐다 켰다
조명등은 적당하다
밖에 보이는 이편한세상
학교 운동장 빌라 산모롱

그중 가장 맘에 드는 건
파란 하늘 흰 구름
유리창 부딪혀 새 떨어지듯
아 왜 몰랐을까
흰 구름 바라보는 것
안 가듯 가는 저 흰 구름
나도 흰 구름처럼 흐른다
그리 급할것도 없지
오늘 내 목표를 흰 구름처럼

떼점(복점)

아빠가 네 결혼식 때
팔에 길게 내려온 점
파운데이션 사용하라 했지
한서방 장모님 아닙니다
거부하는 강력한 표정

산부인과 자격증 가진
젊은이 수술해 주세요

널 받아준 중년 의사님
수술할 문제가 아닙니다
오히려 이런 특징 가진 아기
장차 자라 개성적인 아이
특출하게 성장하지요

넌 왜 신부님 수녀님께
상냥히 인사 안 하니
괜찮습니다 답하던 신부님

왜 성가 소리 높여 안 부르는지
괜찮습니다 수녀인 저도
성가를 즐겨 잘 부르지 않는걸요 했지

초등학교 때 아이들이 놀렸지 떼 라구

왕따 시켰어

난 쾌활한 아이였어
왜 이렇게 변했는데
조용한 아이로

그땐 별 대수롭잖게 답했지
네가 예쁘니 그저 놀리고파

외손주 몽고반점
많은거 보며 오늘날 뜨끔
여러 가지 유추해 보니
세월 속 그리 대단한 흉
아님 너나 나나 다 앎

한때 미성숙이 저지른 일
미사 시간 앞두고 꼬마
살짝이 네게 다가와

문지른 자기 손 보고
다시 와 문지르고
자기 팔에 문지르던 아이
모른 척만 하던 딸아이
이제는 모든 것이 추억

능소화

지리산 이곳까지 능소화
방방곡곡 어디든 머물러
애절한 전설 알려
종일토록 벌 빙빙빙빙

창가 햇볕에서 끄덕끄덕
잠결에서 깨어나
손바닥에 쥔 홍당무 볼펜
내 눈엔 능소화 보이네
능소화 닮은 당근 볼펜

사각사각 내게로 다가와
사람들이 왜 날 좋아하냐
내겐 피로한 눈 씻는 묘약
나만의 독보적 색깔이야

학교 종

땡땡땡땡
청량감 있게 들렸지
길 걷다 종소리에
그날이 떠오른다

수업 시작종 얼른 가야지
땡땡땡 이제 하교 시간
사내아이 척 가슴 대각선
계집아이 허리 동여맨
책보자기 달그락 소리 함께
고가 시계보다 가슴 울림
아직도 메아리

코흘리개 떼쟁이
싸움꾼 딱지치기
자치기 공기놀이
우리 집에 왜 왔니
그림자놀이 숨바꼭질
고무줄놀이

오늘은 그때 그 시절
반 친구 만나러 가는 날
두메산골로

결혼한 딸에게

오늘 넌 잘 움직이지 않아
엄마 몸 너무 피곤해설까
네가 너무 자라서일까
자 이제 움직여 보렴
구불럭 구불럭
어쩌면 마음으로도 잘 통할까

우르르 쾅쾅 비오는 소리
사납게 펄럭인 커튼소리
잠 깨우는구나
아 우리아기 괜찮은가
온통 네 생각뿐
언제 눈 떴을까
배내옷 입고 배시시
까만 눈동자 날 보네
내 눈동자 속 너의 모습
네 눈동자 속 나의 모습

열네 살 터울 큰오빠 우측
열두 살 터울 작은오빤 좌
누워 엄마 배 살살 만져봄
동생이야 네 동생이란다
큰오빠 손가락으로 찔렀어 엄마 아기가

작은오빤 엄마 다리를 쭉 뻗었어 아기가 했지
그래그래 어젯밤 꿈
유리항아리 속 꽃게 가득
틀림없는 여동생이란다

자꾸 밑으로 밑으로
몸 가라앉던 날 딩동
대문 벨 열어주곤 나락길
오빠 방학하던 날
기저귀 갈아주며 날 살렸구나
네가 팔꿈치만 하다구나

손북 치면 말 못하는 너
흥얼흥얼 노래했지
시시때때로 녹음 들려줌
현실감 잊은 엄만
웬 한겨울에 매미소리
어디서 개 짖는 소리했지
그 여름날의 녹음 잊은 채

교회계단 위 엉금엉금 미끄럼틀 시원시원 오름
감당 못해 넋 놓은 엄마
오빠들 올라가 데려왔지

늦게 낳은 딸아이라
놓으면 꺼질세라
불면 날아갈세라

중학교 모퉁이 길
몰래몰래
밟은 적 엊그제 같건만

어찌 내 뱃속에서 나온 아이
저렇게 자유분방할까
엄마 아버지
절 낳아주셔 감사합니다
솜씨 부려 만든 케익 감동

기도의 소원대로
신앙 같은 청년 만나 혼배
작은오빠 앞서 빨리빨리
네 살길 찾아가누나
서로서로 존중 사랑
성가정 이루려므나

널 가지고 천상 맛보았다
널 낳고 모든 것
치유되었다
널 키우며 세상의 행복 맛보았다

상처

초등 양호선생님
요셉 상처 치료
남성미 느껴진단 말

메뚜기 뛰노는 논밭
막대로 잡은 뱀
시골마당 내다 꽂던 너

사촌형들과 리어카 몰이
사과밭 누비다
눈두덩 다친 너

어린 날
사과밭 뒹굴던 무딘 낫
사촌누나 막대기 잡아라
어긋난 낫의 상처

감기인줄 감기약만 먹다
응급실 행 급성 간염
갓 제대한 너
엄마 몰래 사촌누나 구제

젊은 의사 말

튼튼 간 준 덕 수술성공
늙은 의사 말
정말 간이 큰 아들입니다
정말 미운 사람들

병문안 온 동생 더불어
성모상 주변
뜀박질 하던 너
간 떨어질라 조바심
세월이 약

무지개

호텔 수영장 옆 바닷가

바다
하늘
걸친 무지개

바다
하늘
같은 꿈을 꾸었을까

태아랑 무지개 꿈 막동이
나도 함께 꾸는 꿈　태교여행

허수아비

새처럼
구름처럼

날지도
흐르지도 못 하지만

새들
구름들
꽃들
망아지들

친구로
같이 사귀었지

스마트폰

머리맡에서
주머니에서
책상위에서
변함없는 사랑
고마워요

젊으나 늙으나
남녀노소
노가다 예술가 정치가
너 나 할 것 없이
많이도 애용하네요

제발 나쁜 목적엘랑
사용하지 말아요

봄 여름 가을 겨울
할 것 없이
난 당신의 모든 것
알고 있답니다

별

카톡 카톡
열린 뚜껑 속
까만 바다 별무리
어릴 적 밤하늘 별들이라
어른 된 나 아직 유영 해
결혼한 딸 아기 안고 찍은
그 속에서 그림 그려 난
자리 옮겨 두 번째 사진
태어나 반 년 된 외손자
장난감처럼 고이
끌어안은 피아노
들려오는 듯 다양한 소리
큰 유리창 칠흑 같은 밤
영롱한 빛 되어 반짝반짝
할머니 이마 위에 솔솔솔

길

엄마 품 같은 따스한 봄
환하게 반겨주던 목련꽃
개선문 지나듯 지나
접견실로 가던 날
이른 봄 반바지 반소매
축구하며 바라보던 눈길
기다리던 누이인가 형인가
비닐하우스 건강한 화초
한 계단 한 계단 아래 쏙
레지오마리애 참관
손에 든 묵주로 염경기도
싱싱한 장미 송이 송이라
육하원칙 담장안의 보고
담장 밖보다 더 열정적
방문객 준비한 떡과 음료
마치자 동료 생각 올인
알뜰살뜰 챙기는 모습
이 밤도 눈물의 기도
참회의 눈망울
지켜주소서 굽어보소서 안배해주소서